Heinrich Zöllner, Johann Wolfgang von Goethe

Faust

Musikdrama

Heinrich Zöllner, Johann Wolfgang von Goethe
Faust
Musikdrama

ISBN/EAN: 9783741124525

Hergestellt in Europa, USA, Kanada, Australien, Japan

Cover: Foto ©Angelika Wolter / pixelio.de

Manufactured and distributed by brebook publishing software (www.brebook.com)

Heinrich Zöllner, Johann Wolfgang von Goethe

Faust

Faust.

Musikdrama

in einem Vorspiel und vier Akten

nach Goethe's „Faust" (I. Theil)

— von —

Heinrich Zöllner.

Op. 40.

Klavierauszug vom Komponisten netto 6 Mark.

LEIPZIG,
C. F. W. SIEGEL'S MUSIKALIENHANDLUNG
R. LINNEMANN.

Dem Gedächtniss

meines Vaters.

Personenverzeichniss.

Der Herr.	Bass.
Gabriel. ⎫	Sopran.
Rafael. ⎬ Erzengel.	Sopran.
Michael. ⎭	Alt.
Der Erdgeist.	Bass.
Mephisto.	Bass.
Faust.	Baryton.
Gretchen.	Sopran.
Marthe.	Alt.
Valentin.	Tenor.
Wagner, Famulus.	Tenor.
1. Bürger.	Bass.
2. Bürger.	Tenor.
Bettler.	Tenor.
Alter Bauer.	Baryton.
Junger Bauer.	Tenor.
Alte Frau.	Alt.
1. Nymphe.	Sopran.
2. Nymphe.	Alt.

Zur Notiz.

Alle Rechte, in's Besondere das Aufführungsrecht, vorbehalten.

FAUST.

Prolog im Himmel.

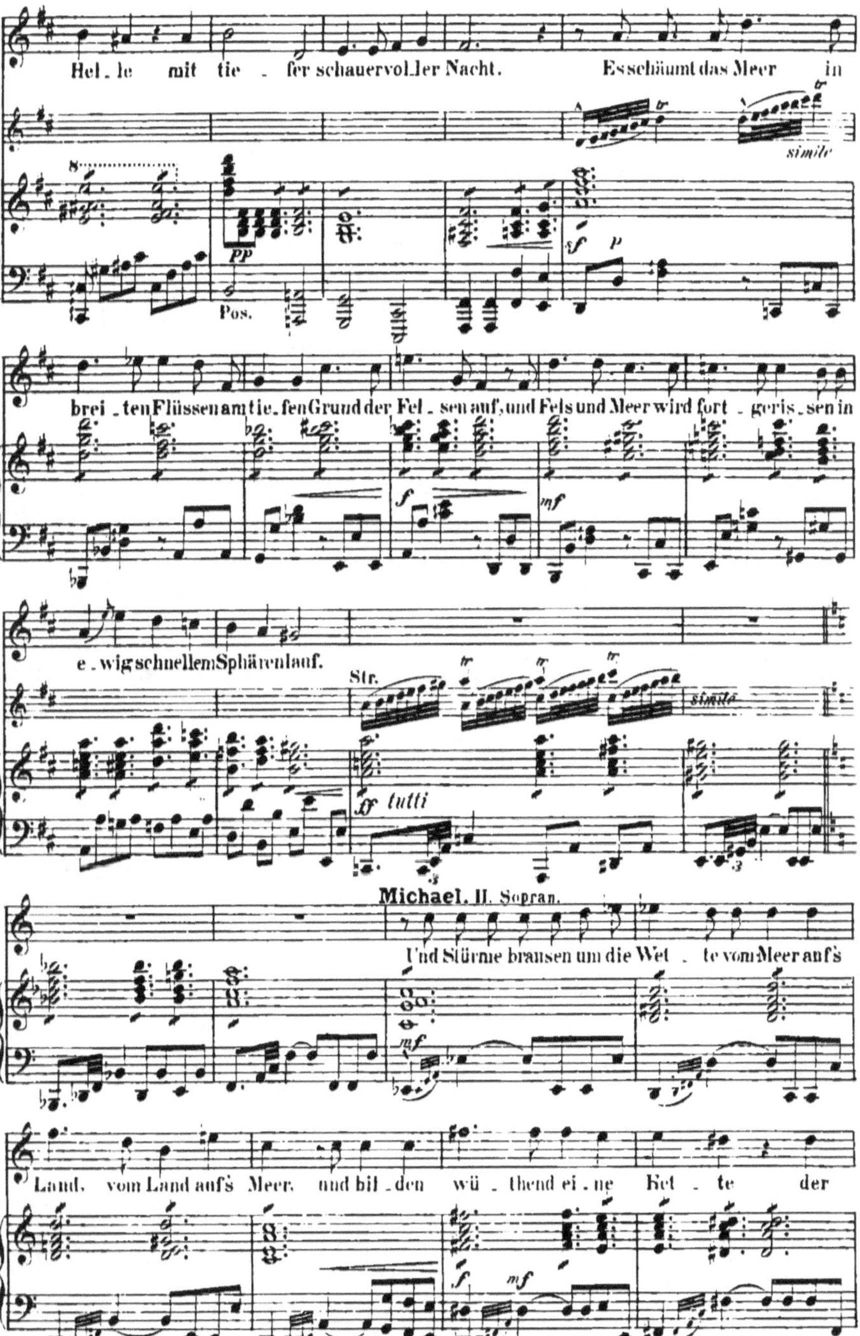
Hel - le mit tie - fer schauervol - ler Nacht. Es schäumt das Meer in
simile
8
pp
Pos.
sf p
brei - ten Flüssen am tie - fen Grund der Fel - sen auf, und Fels und Meer wird fort - geris - sen in
f
mf
e - wig schnellem Sphärenlauf.
Str.
tr
simile
ff tutti
Michael. II. Sopran.
Und Stürme brausen um die Wet - te vom Meer auf's
mf
Land, vom Land auf's Meer, und bil - den wü - thend ei - ne Ket - te der
f
mf

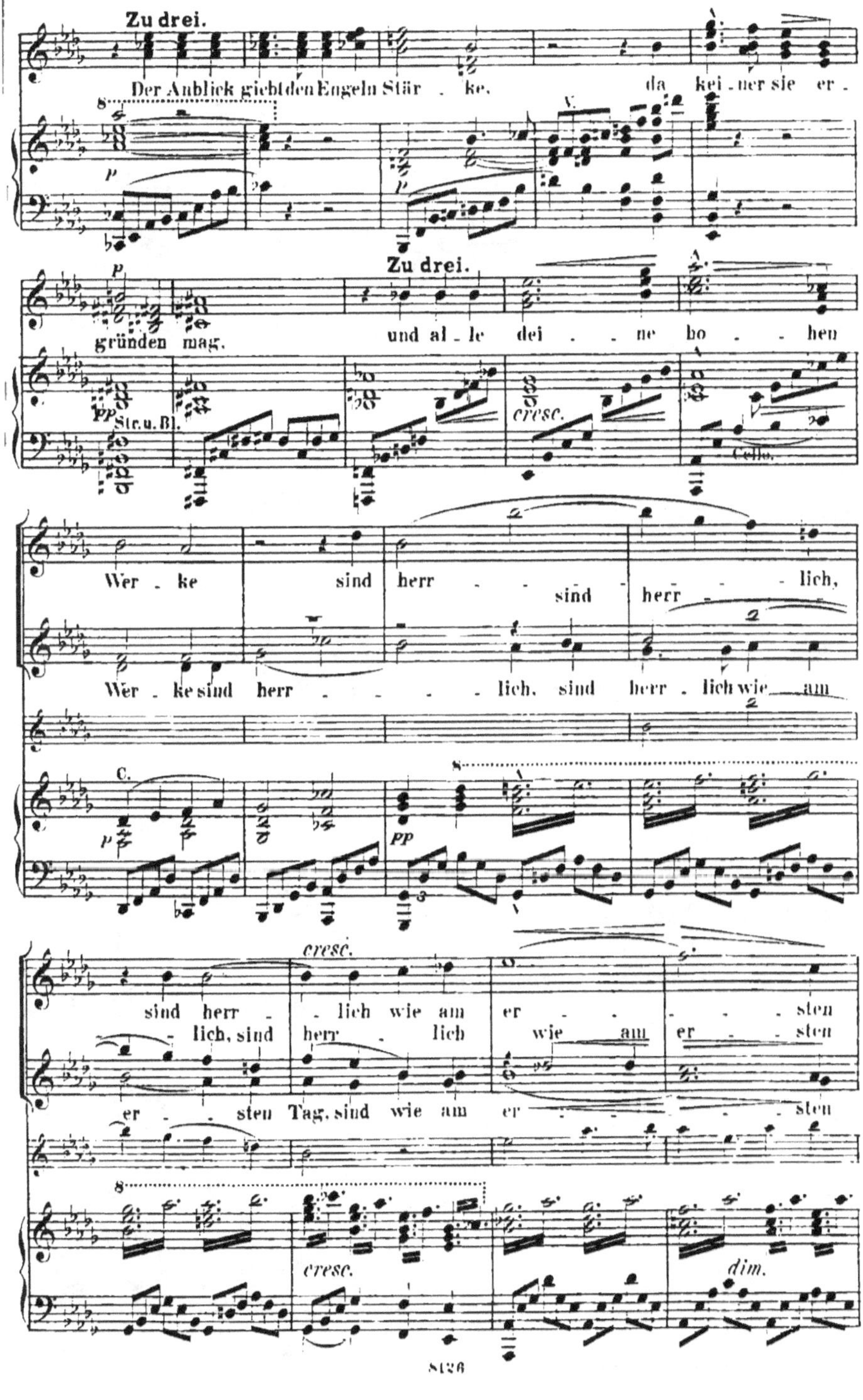
Zu drei.
Der Anblick giebt den Engeln Stär - ke,
da kei - ner sie er -
p
gründen mag.
pp
Str. u. Bl.
Zu drei.
und al - le dei - - ne ho - - hen
cresc.
Cello.
Wer - ke
sind herr - - lich,
sind herr
Wer - ke sind herr - - - - lich, sind herr - lich wie am
C.
pp
cresc.
sind herr - - lich wie am er - - - - - sten
lich, sind herr - lich wie am er - sten
er - sten Tag, sind wie am er - - sten
cresc.
dim.

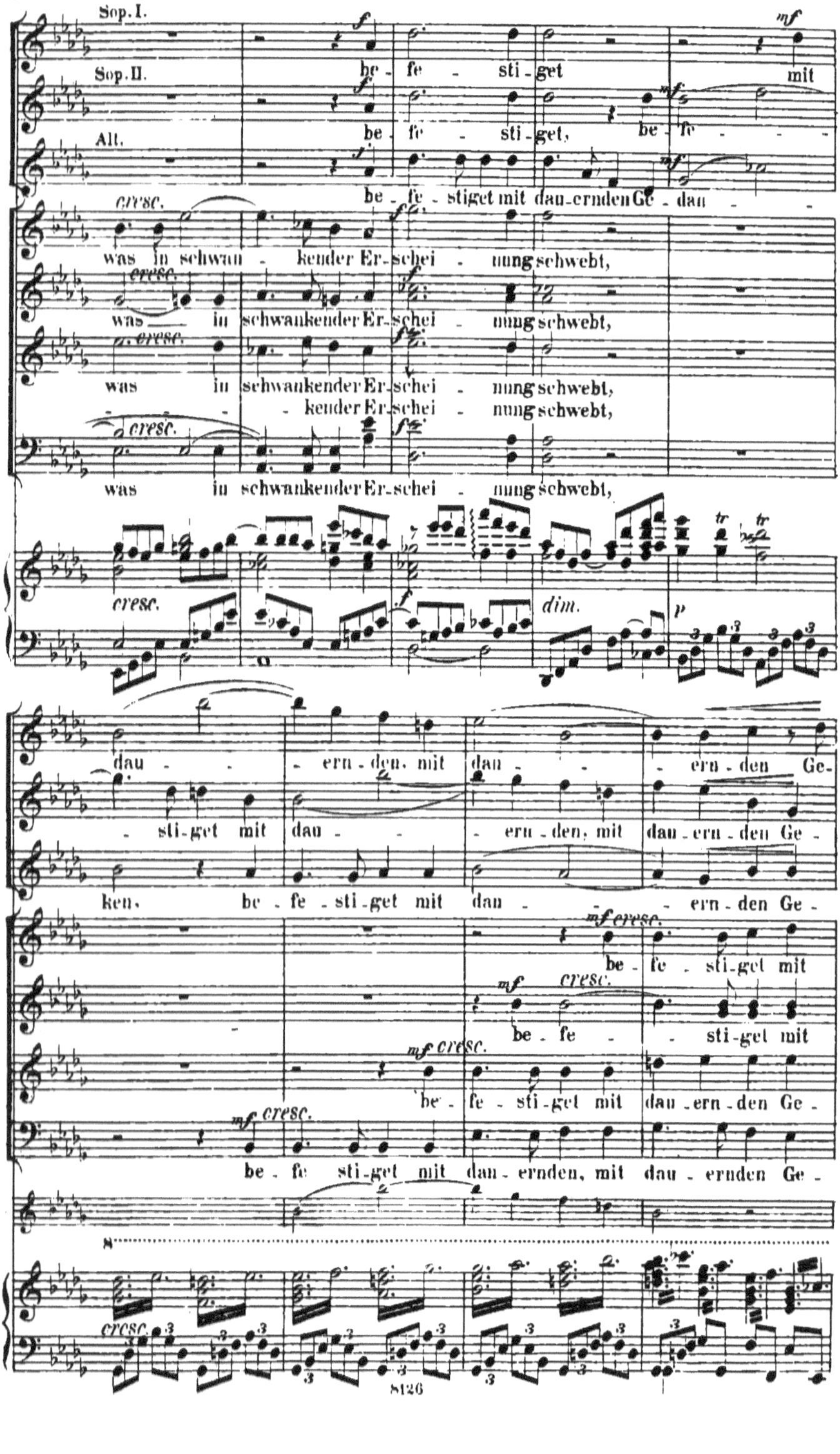
Sop. I.
Sop. II.
Alt.
cresc.
be - fe - sti - get
be - fe - sti - get, be - fe
be - fe - stiget mit dau - ernden Ge - dau
was in schwan - kender Er - schei - nung schwebt,
was in schwankender Er - schei - nung schwebt,
was in schwankender Er - schei - nung schwebt,
- kender Er - schei - nung schwebt,
was in schwankender Er - schei - nung schwebt,
dim.
dau - ern - den, mit dau - ern - den Ge -
sti - get mit dau - ern - den, mit dau - ern - den Ge -
ken, be - fe - sti - get mit dau - ern - den Ge -
be - fe - sti - get mit
be - fe - sti - get mit
be - fe - sti - get mit dau - ern - den Ge -
be - fe sti - get mit dau - ernden, mit dau - ernden Ge -

I. Akt.

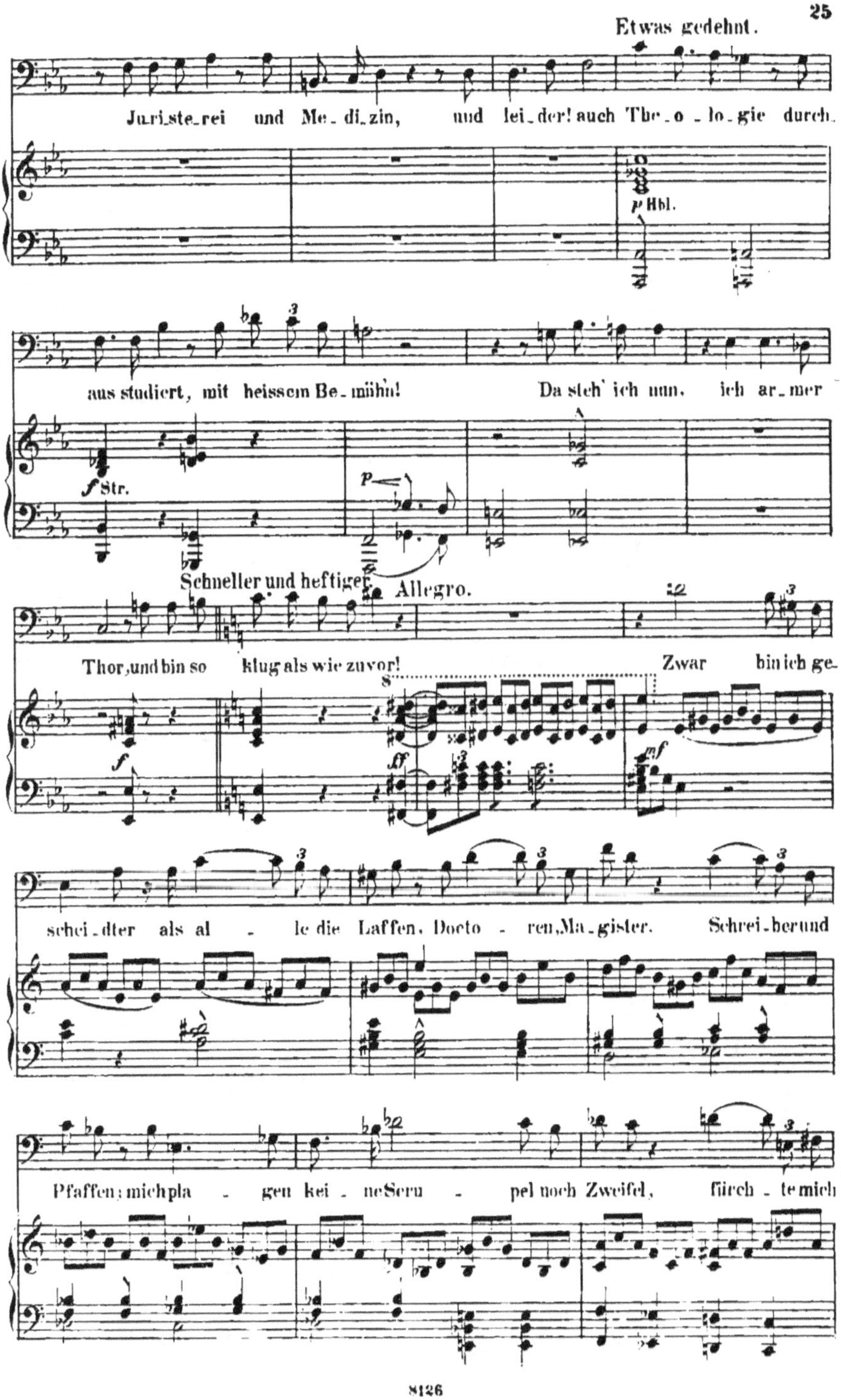
Etwas gedehnt.
Juri_ste_rei und Me_di_zin, und lei_der! auch The_o_lo_gie durch.
p Hbl.
aus studiert, mit heissem Be_müh'n! Da steh' ich nun, ich ar_mer
f Str.
p
Schneller und heftiger.
Allegro.
Thor, und bin so klug als wie zuvor! Zwar bin ich ge_
f
ff
mf
schei_dter als al _ le die Laffen, Docto _ ren, Ma_gister. Schrei_ber und
Pfaffen; mich pla _ gen kei_ ne Scru _ pel noch Zweifel, fürch _ te mich

II. Akt. (Spaziergang vor dem Thor.)
I. Theil.

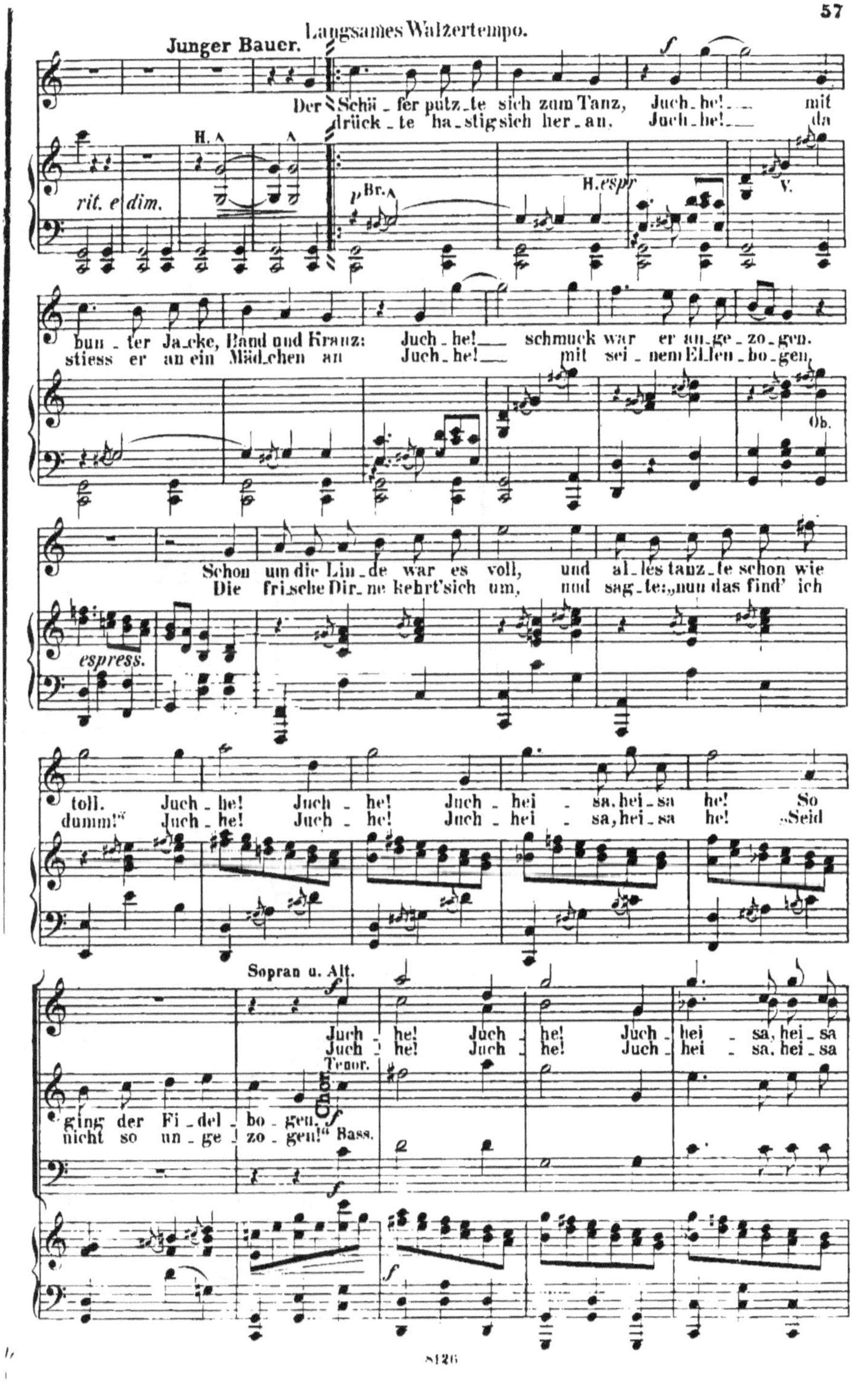
Langsames Walzertempo.
Junger Bauer.
Der Schä - fer putz - te sich zum Tanz, Juch - he! mit bun - ter Ja - cke, Band und Kranz: Juch - he! schmuck war er an - ge - zo - gen.
drück - te ha - stig sich her - an, Juch - he! da stiess er an ein Mäd - chen an Juch - he! mit sei - nem El - len - bo - gen.
Schon um die Lin - de war es voll, und al - les tanz - te schon wie toll. Juch - he! Juch - he! Juch - hei - sa, hei - sa he! So ging der Fi - del - bo - gen.
Die fri - sche Dir - ne kehrt' sich um, und sag - te: „nun das find' ich dumm!“ Juch - he! Juch - he! Juch - hei - sa, hei - sa he! „Seid nicht so un - ge - zo - gen!“
Sopran u. Alt.
Juch - he! Juch - he! Juch - hei - sa, hei - sa
Tenor.
Chor.
Bass.
rit. e dim.
espress.

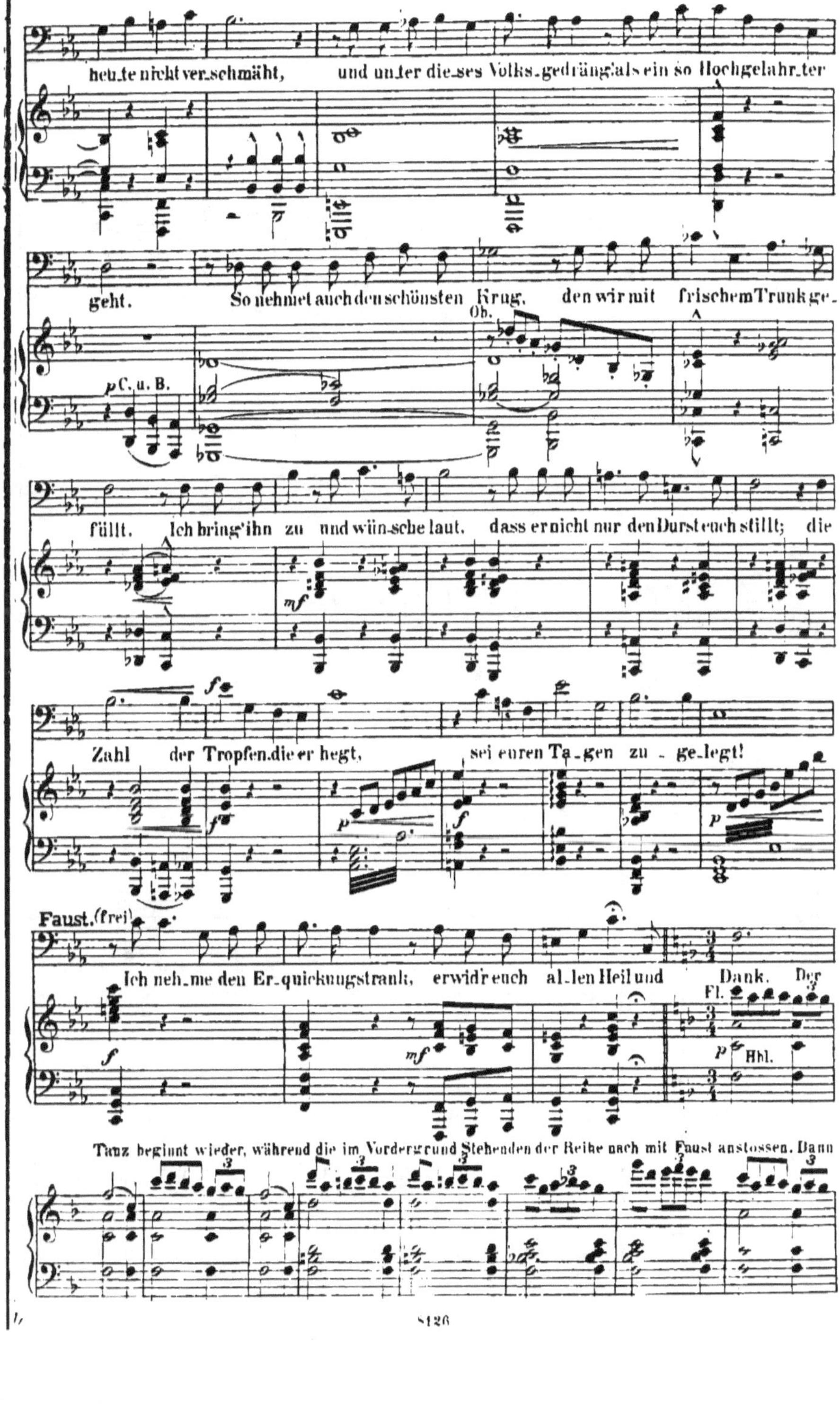
heu_te nicht ver_schmäht, und un_ter die_ses Volks_gedräng als ein so Hochgelahr_ter
geht. So nehmet auch den schönsten Krug, den wir mit frischem Trunk ge_
Ob.
p C. u. B.
füllt. Ich bring' ihn zu und wün_sche laut, dass er nicht nur den Durst euch stillt; die
mf
Zahl der Tropfen, die er hegt, sei euren Ta_gen zu_ge_legt!
Faust. (frei)
Ich neh_me den Er_quickungstrank, erwid'r euch al_len Heil und Dank. Der
Fl.
Hbl.
Tanz beginnt wieder, während die im Vordergrund Stehenden der Reihe nach mit Faust anstossen. Dann

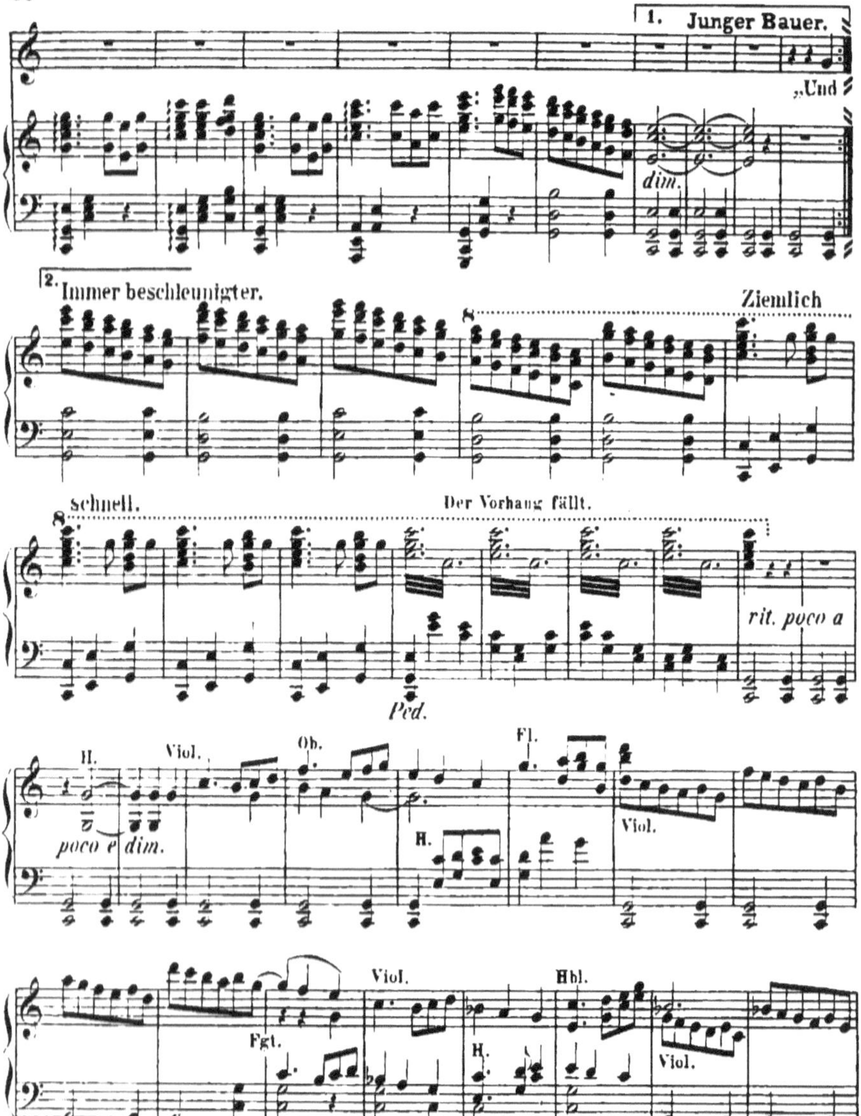
1. Junger Bauer.
„Und
dim.
2. Immer beschleunigter.
Ziemlich
8
schnell.
8
Der Vorhang fällt.
Ped.
rit. poco a
H.
Viol.
poco e dim.
Ob.
H.
Fl.
Viol.
Fgt.
Viol.
H.
Hbl.
Viol.
sempre poco a poco rit. e dim.
Tr.
Ob.
H.
Fl.
Viol.

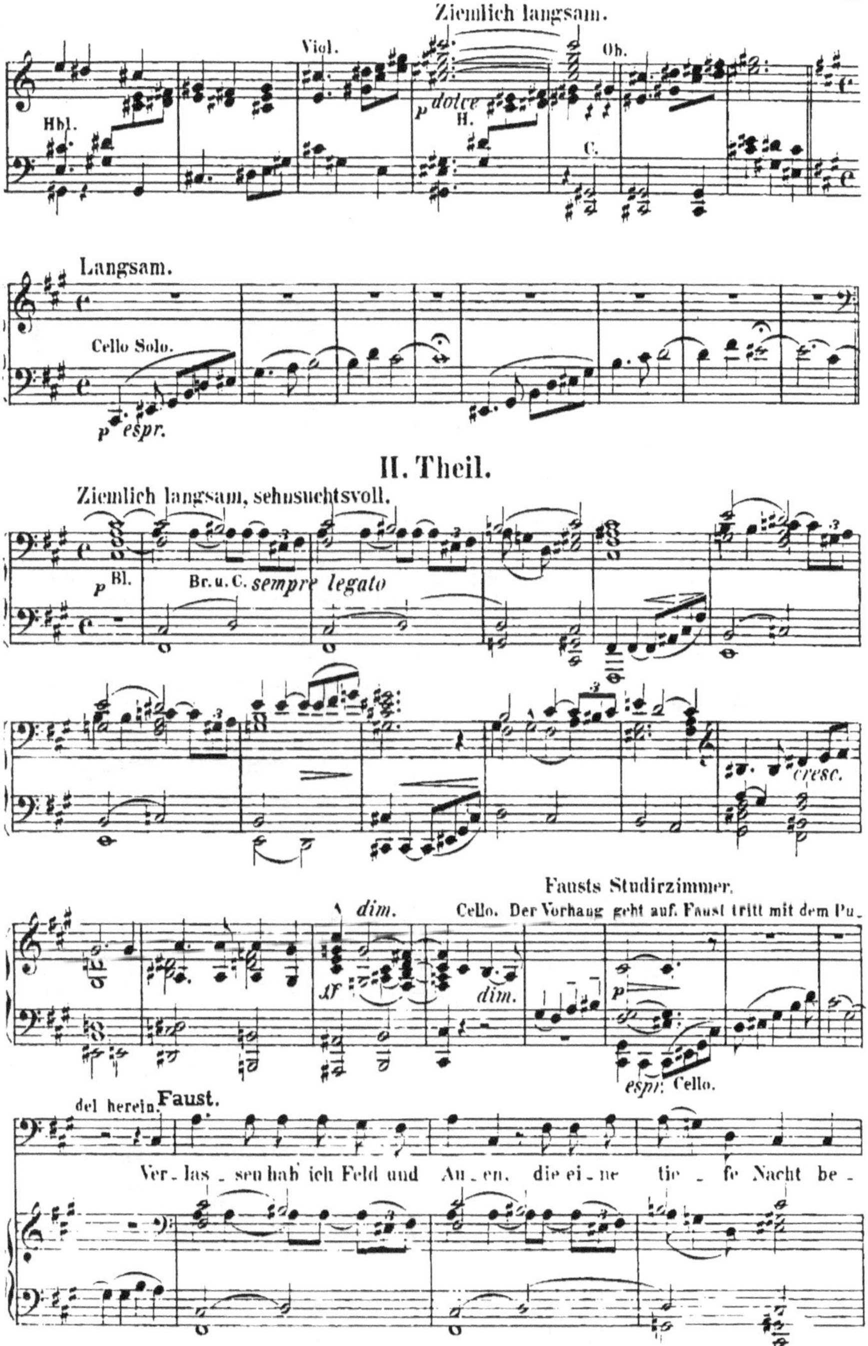
Ziemlich langsam.
Viol.
Ob.
Hbl.
p dolce
H.
C.
Langsam.
Cello Solo.
p espr.
II. Theil.
Ziemlich langsam, sehnsuchtsvoll.
p Bl.
Br. u. C. sempre legato
cresc.
Fausts Studirzimmer.
dim.
Cello. Der Vorhang geht auf. Faust tritt mit dem Pu-
sf
dim.
p
espr. Cello.
del herein.
Faust.
Ver - las - sen hab' ich Feld und Au - en, die ei - ne tie - fe Nacht be -

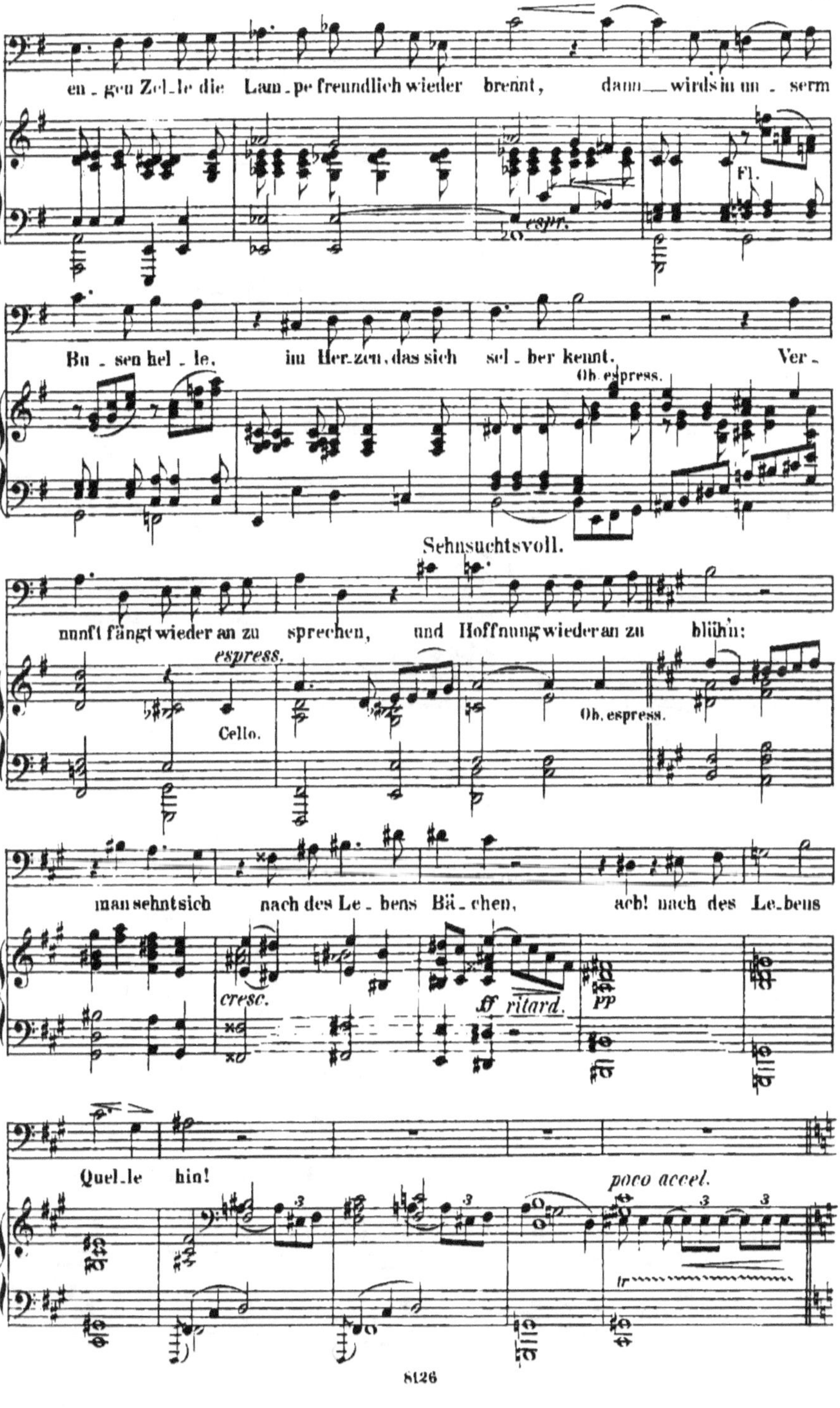
en_gen Zel_le die Lam_pe freundlich wieder brennt, dann__wirds in un_serm
Fl.
espr.
Bu_sen hel_le, im Her_zen, das sich sel_ber kennt. Ver_
Ob. espress.
Sehnsuchtsvoll.
nunft fängt wieder an zu sprechen, und Hoffnung wieder an zu blüh'n:
espress.
Cello.
Ob. espress.
man sehnt sich nach des Le_bens Bä_chen, ach! nach des Le_bens
cresc.
ff ritard.
pp
Quel_le hin!
poco accel.
tr

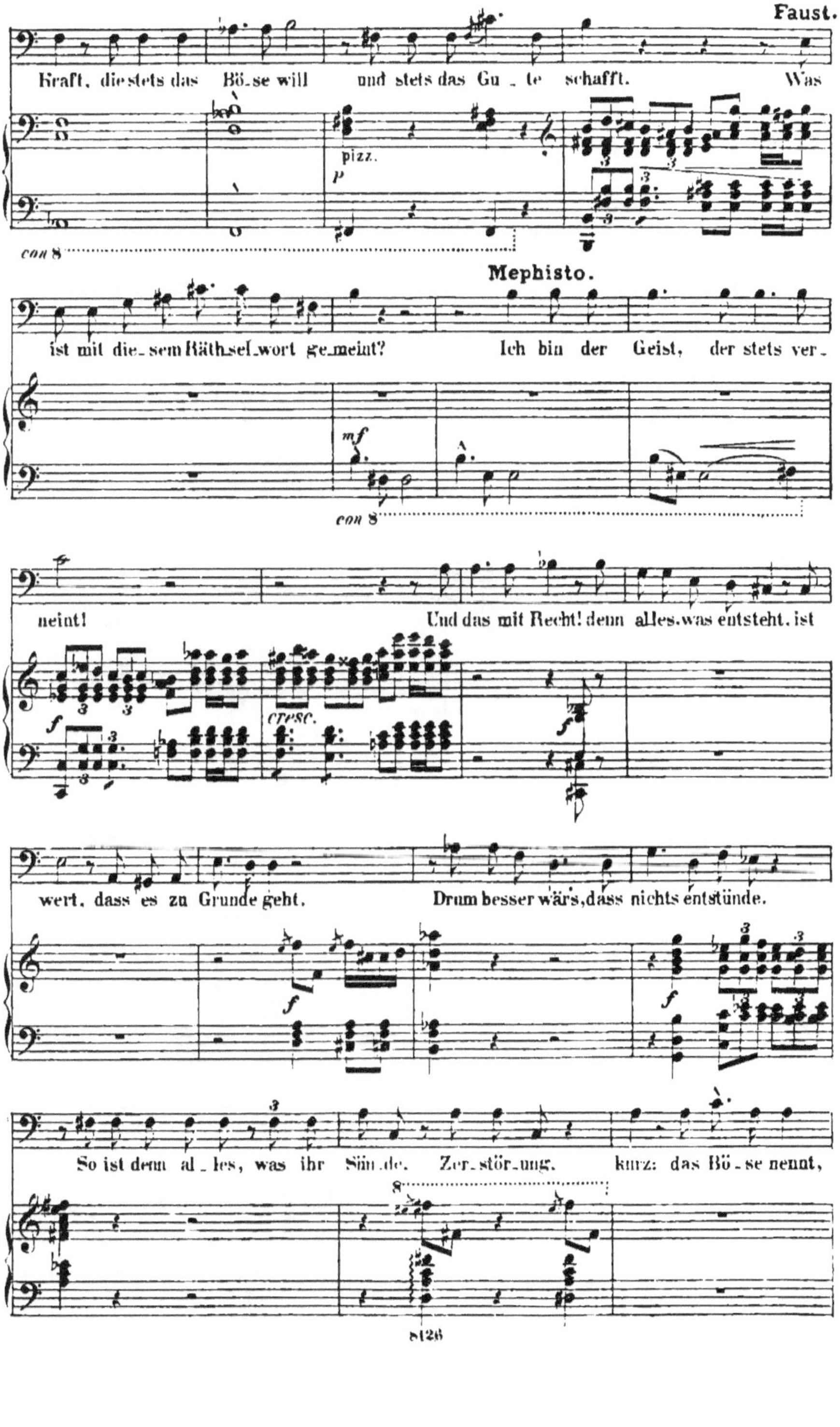

Kraft, die stets das Bö-se will und stets das Gu-te schafft.

Faust.
Was ist mit die-sem Räthsel-wort ge-meint?

Mephisto.
Ich bin der Geist, der stets ver-neint! Und das mit Recht! denn alles, was entsteht, ist werth, dass es zu Grunde geht. Drum besser wär's, dass nichts entstünde.

So ist denn al-les, was ihr Sün-de, Zer-stör-ung, kurz: das Bö-se nennt,

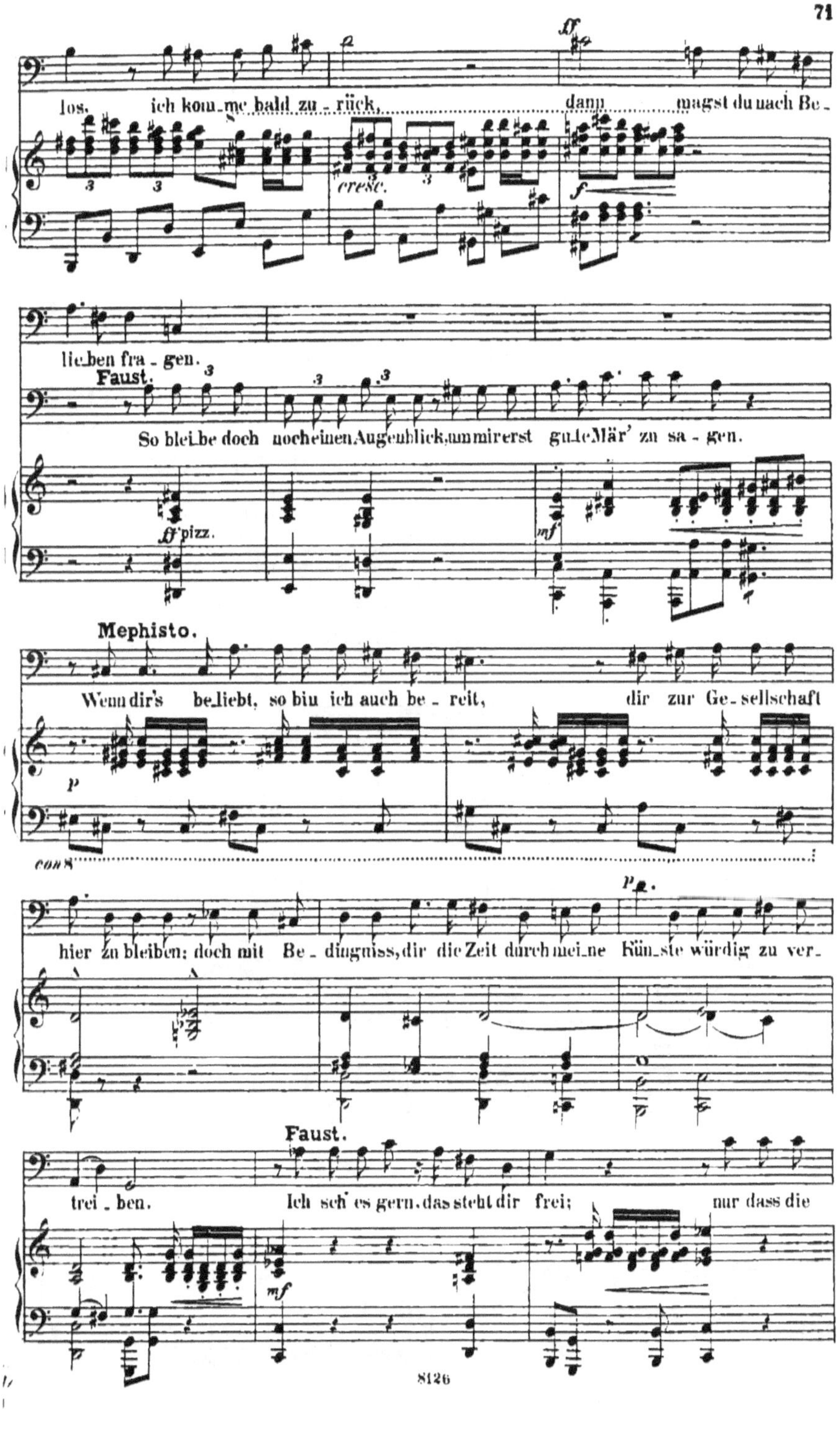

los. ich komme bald zurück, dann magst du nach Be-

lieben fragen.

Faust.
So bleibe doch noch einen Augenblick, um mir erst gute Mär' zu sagen.

Mephisto.
Wenn dir's beliebt, so bin ich auch bereit, dir zur Gesellschaft hier zu bleiben; doch mit Bedingniss, dir die Zeit durch meine Künste würdig zu vertreiben.

Faust.
Ich seh' es gern, das steht dir frei; nur dass die

73

*) Die erste und zweite Phrase auf „ah" müssen möglichst eng an einander gebunden werden, so dass es den Eindruck einer Phrase macht.

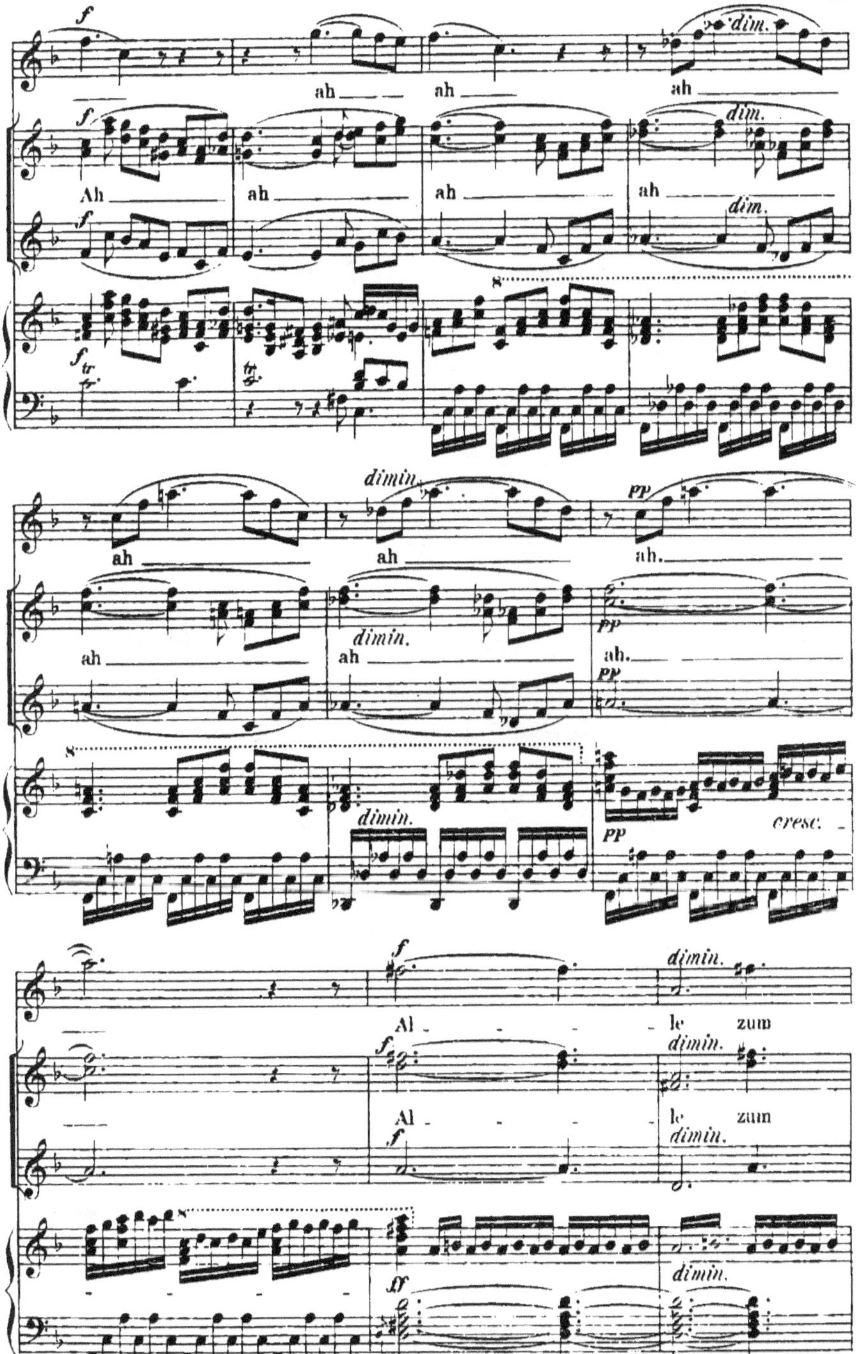
ah ah ah
Ah ah ah ah
dim.
dimin.
ah ah ah.
Al - le zum
Al - le zum
dimin.
cresc.
pp
f
ff

88

Ziemlich langsam und gravitätisch.

Mephisto, tritt ein.

So gefällst du mir. Wir werden, hoff'ich, uns vertragen! Denn dir die Grillen zu verjagen, bin ich als edler Junker hier.

Bewegter.

Willst du, mit mir vereint, deine Schritte durch's Leben nehmen, so will ich mich gern bequemen, dein zu sein auf der Stelle. Ich bin dein Geselle, und mach' ich dir's recht, bin ich dein

p staccato sempre

Fag. u. Pos.
pp

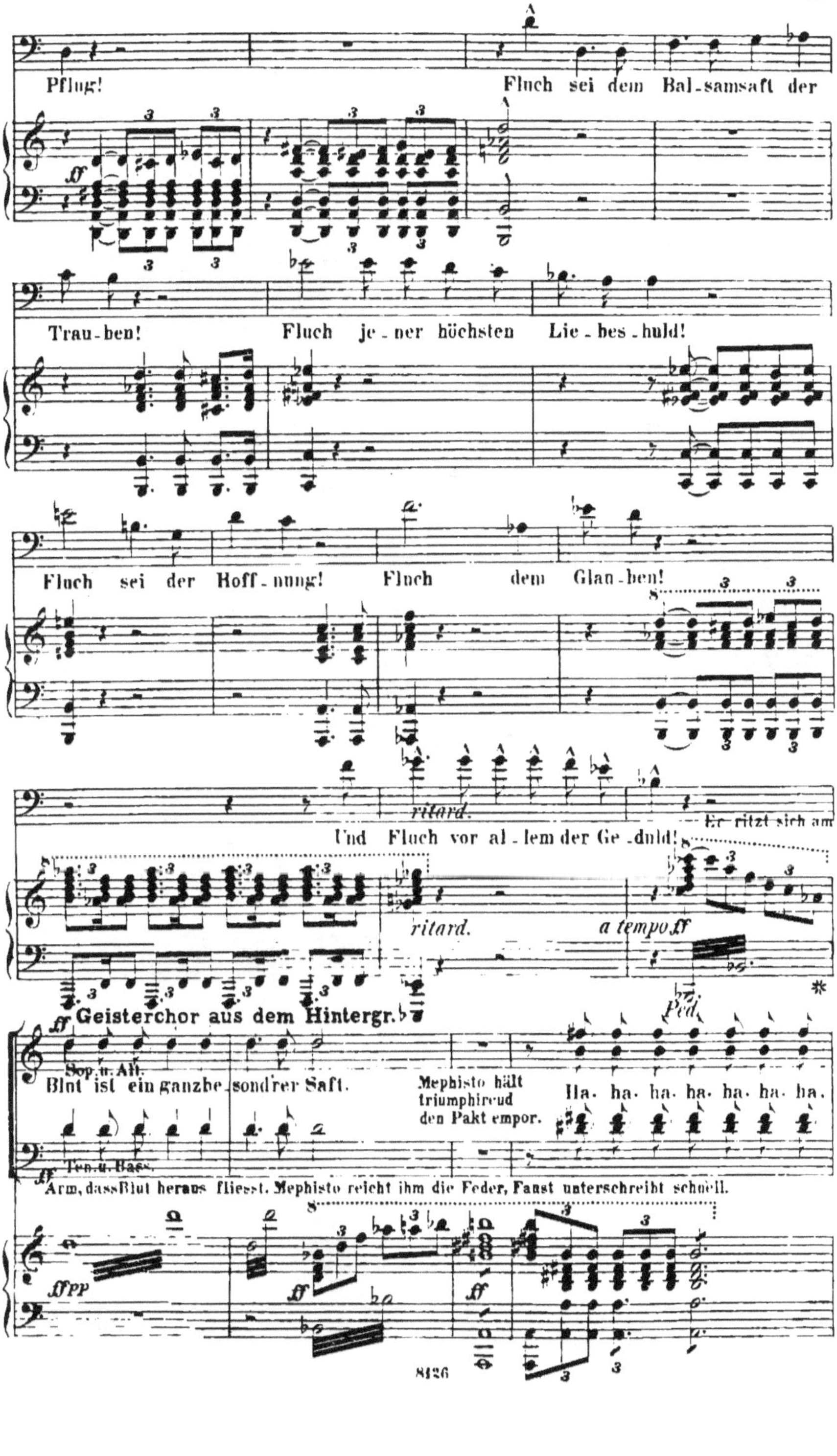
Pflug! Fluch sei dem Bal-samsaft der
ff
Trau-ben! Fluch je-ner höchsten Lie-bes-huld!
Fluch sei der Hoff-nung! Fluch dem Glau-ben!
Und Fluch vor al-lem der Ge-duld!
ritard.
Er ritzt sich am
ritard.
a tempo ff
Ped.
ff Geisterchor aus dem Hintergr.
Sop. u. Alt.
Blut ist ein ganz be-sondrer Saft.
Mephisto hält triumphirend den Pakt empor.
Ha. ha. ha. ha. ha. ha. ha.
Ten. u. Bass.
ff
Arm, dass Blut heraus fliesst. Mephisto reicht ihm die Feder, Faust unterschreibt schnell.
ffpp
ff
ff

III. Akt.

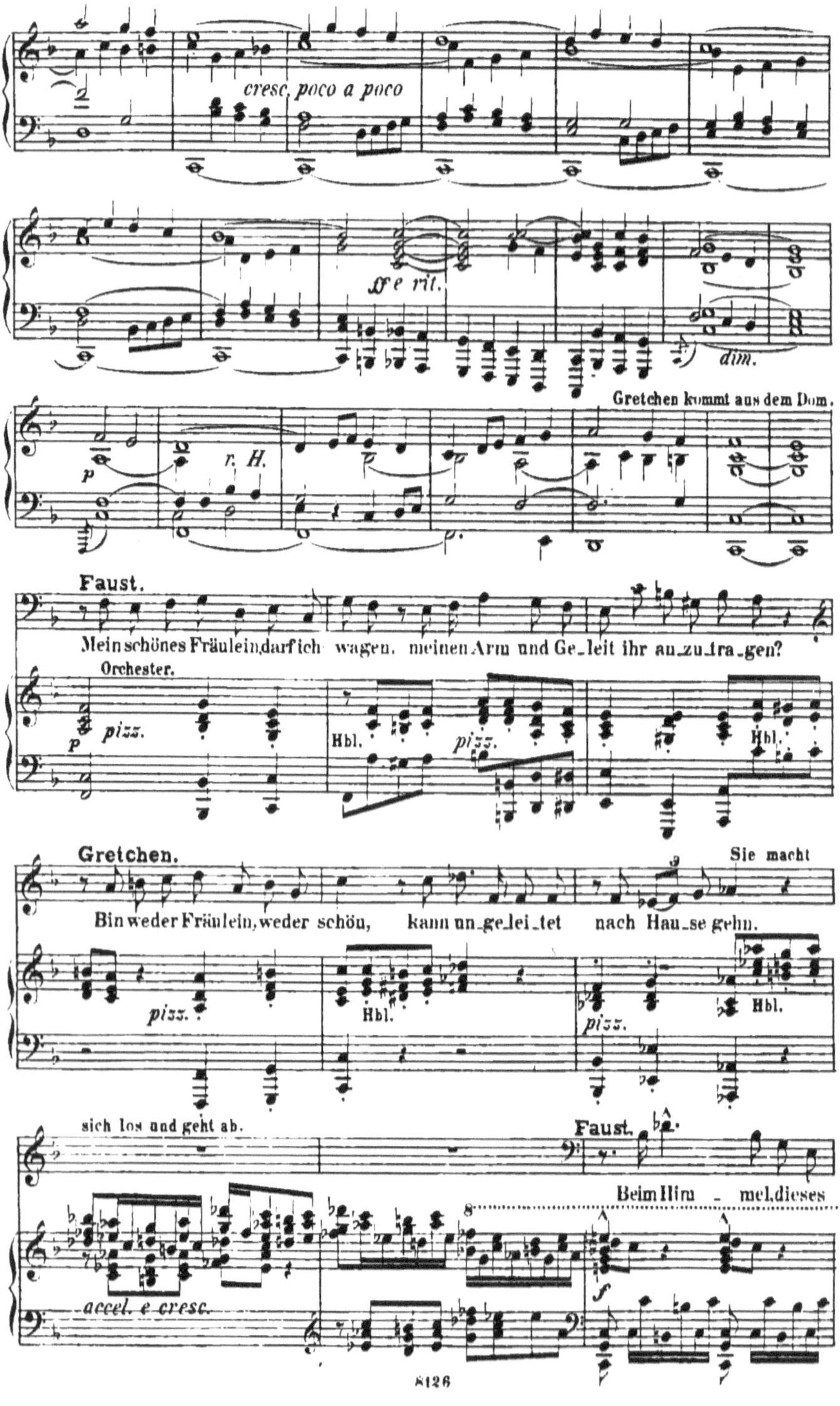
cresc. poco a poco
sf e rit.
dim.
p
r. H.
Gretchen kommt aus dem Dom.
Faust.
Mein schönes Fräulein, darf ich wagen, meinen Arm und Ge_leit ihr an_zu_tra_gen?
Orchester.
p
pizz.
Hbl.
pizz.
Hbl.
Gretchen.
Bin weder Fräulein, weder schön, kann un_ge_lei_tet nach Hau_se gehn.
pizz.
Hbl.
pizz.
Hbl.
Sie macht sich los und geht ab.
accel. e cresc.
Faust.
Beim Him_mel, dieses
f

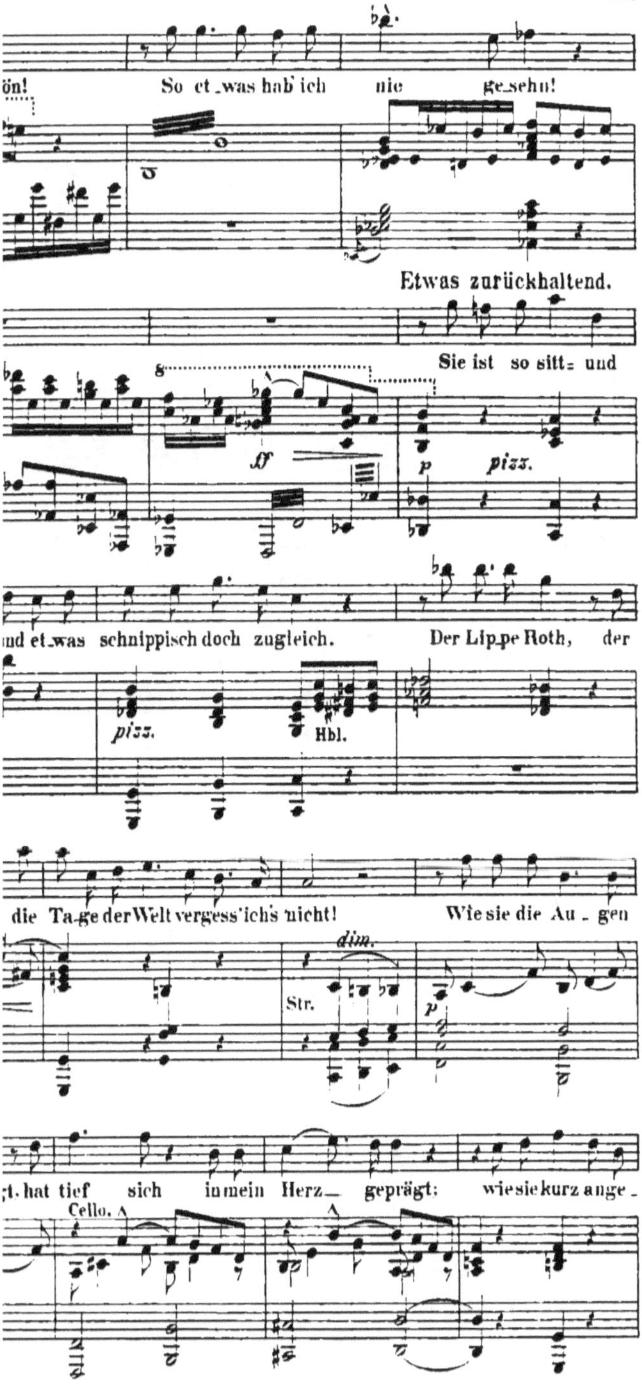
ön!
So et_was hab' ich nie ge_sehn!
Etwas zurückhaltend.
Sie ist so sitt_ und
ff
p
pizz.
und et_was schnippisch doch zugleich.
Der Lip_pe Roth, der
pizz.
Hbl.
die Ta_ge der Welt vergess' ich's nicht!
Wie sie die Au_gen
dim.
Str.
p
gt, hat tief sich in mein Herz geprägt;
wie sie kurz ange_
Cello.

Verwandlung.
Ein kleines, reinliches Zimmer.

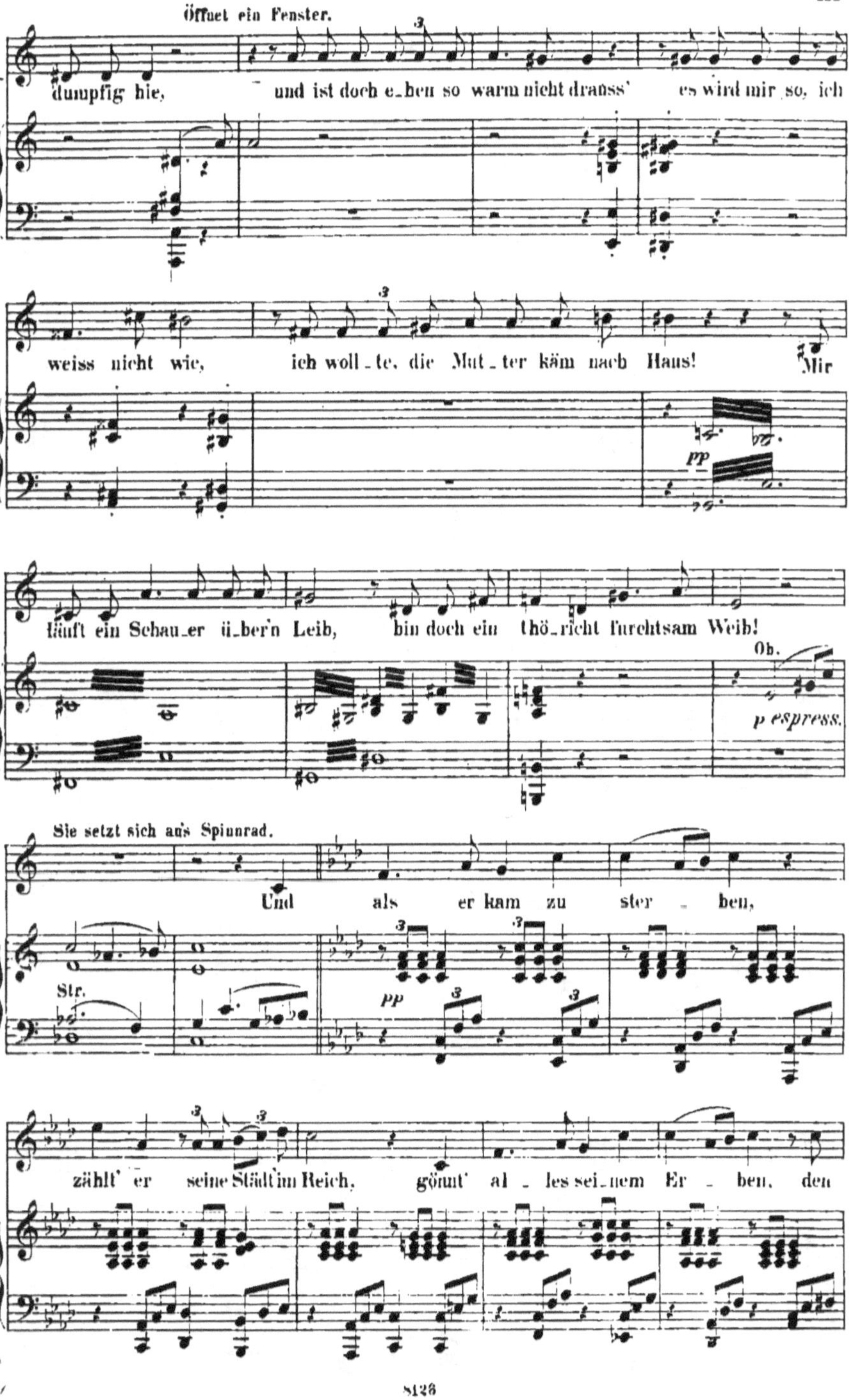
Öffnet ein Fenster.
dumpfig hie, und ist doch e_ben so warm nicht drauss' es wird mir so, ich
weiss nicht wie, ich woll_te, die Mut_ter käm nach Haus! Mir
pp
läuft ein Schau_er ü_ber'n Leib, bin doch ein thö_richt furchtsam Weib!
Ob.
p espress.
Sie setzt sich an's Spinnrad.
Und als er kam zu ster _ ben,
Str.
pp
zählt' er seine Städt' im Reich, gönnt' al _ les sei_nem Er _ ben, den

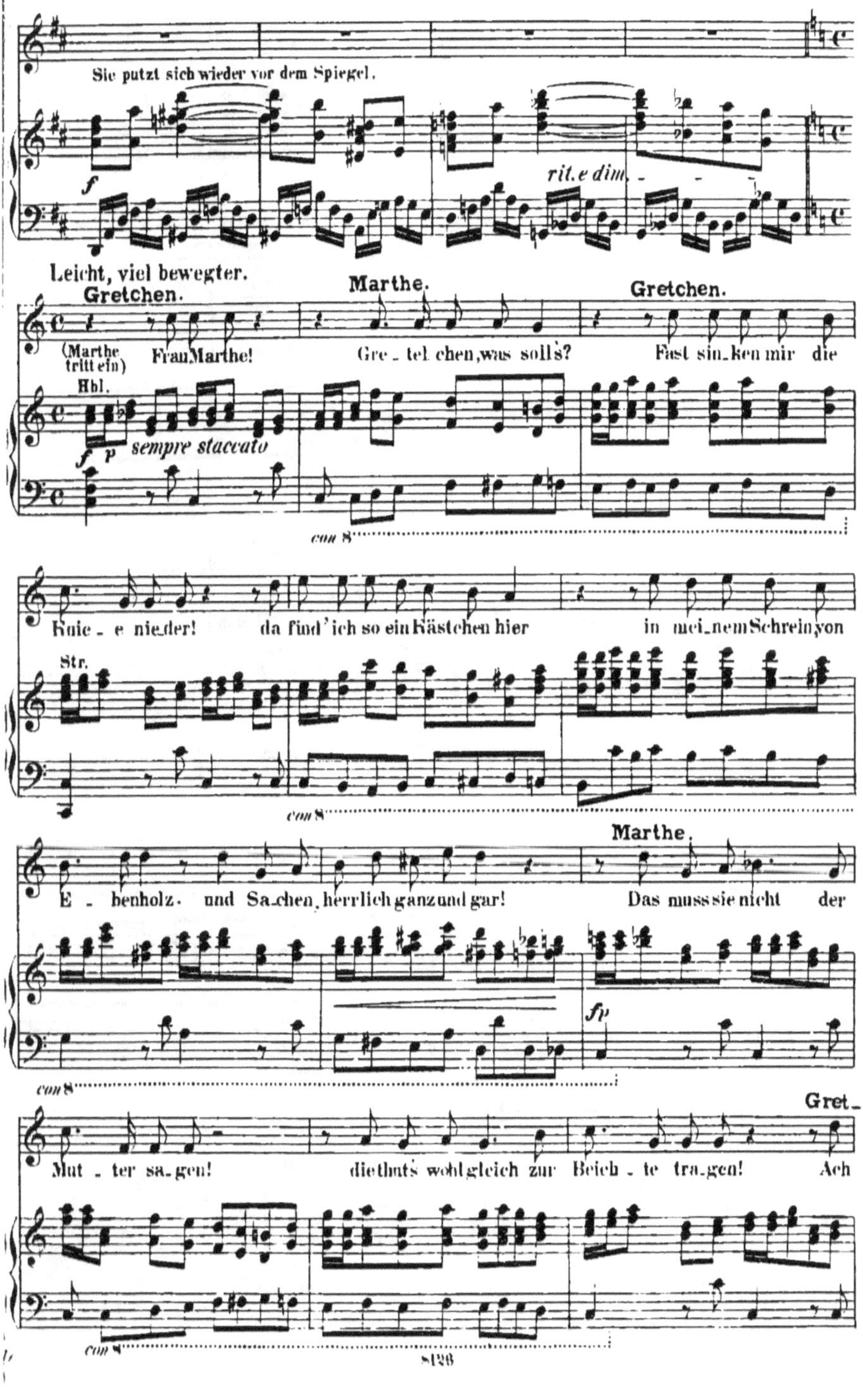
Sie putzt sich wieder vor dem Spiegel.
f
rit. e dim.
Leicht, viel bewegter.
Gretchen.
(Marthe tritt ein)
Frau Marthe!
Marthe.
Gre - tel chen, was soll's?
Gretchen.
Fast sin - ken mir die
Hbl.
f p sempre staccato
con 8
Knie - e nie - der!
da find' ich so ein Kästchen hier
in mei - nem Schrein von
Str.
con 8
E - benholz.
und Sa - chen, herrlich ganz und gar!
Marthe.
Das muss sie nicht der
fp
con 8
Mut - ter sa - gen!
die thut's wohl gleich zur Beich - te tra - gen!
Gret -
Ach
con 8

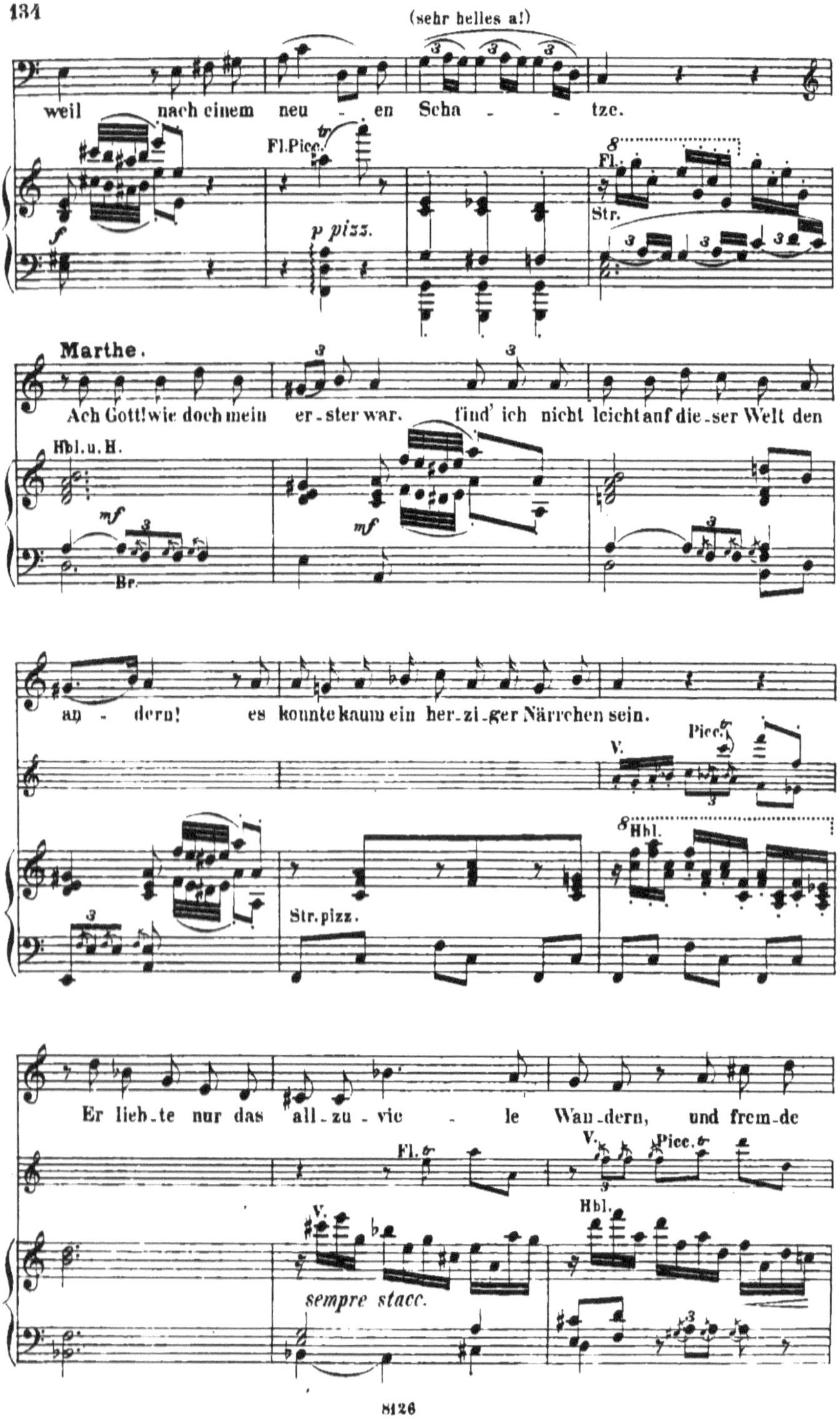
(sehr helles a!)
weil nach einem neu - en Scha - - tze.
Fl.Picc.
p pizz.
Fl.
Str.
Marthe.
Ach Gott! wie doch mein er-ster war. find' ich nicht leicht auf die-ser Welt den
Hbl. u. H.
mf
Br.
an - dern! es konnte kaum ein her-zi-ger Närrchen sein.
V.
Picc.
Str. pizz.
Hbl.
Er lieb-te nur das all-zu-vie - le Wan-dern, und frem-de
sempre stacc.

*) Diese Verse sind von Göthe für die Composition des Fürsten Radziwill hinzugedichtet.

IV. Akt.

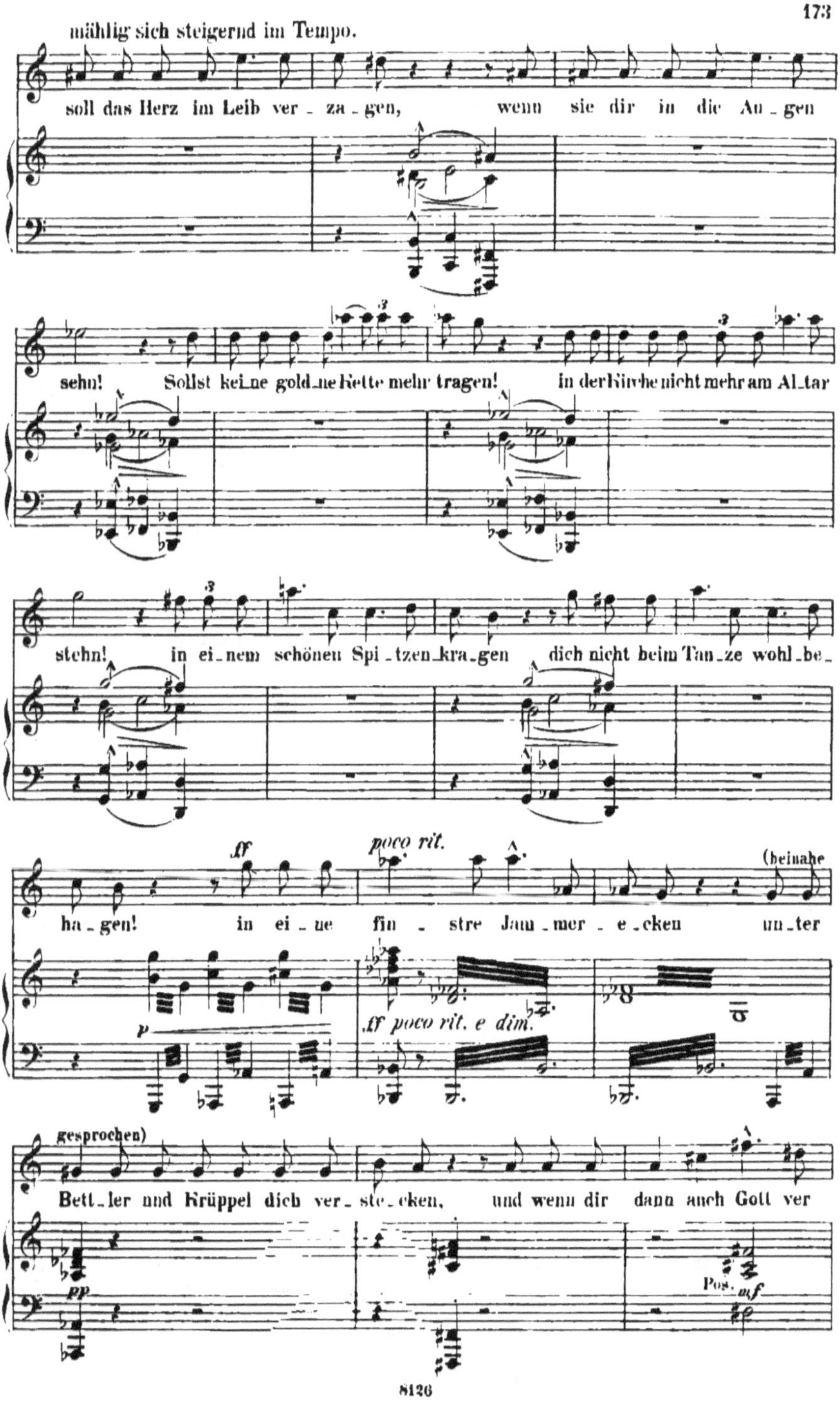
mählig sich steigernd im Tempo.
soll das Herz im Leib ver_za_gen, wenn sie dir in die Au_gen
sehn! Sollst kei_ne gold_ne Kette mehr tragen! in der Kirche nicht mehr am Al_tar
stehn! in ei_nem schönen Spi_tzen_kra_gen dich nicht beim Tan_ze wohl_be_
ff
poco rit.
(beinahe
ha_gen! in ei_ne fin_stre Jam_mer_e_cken un_ter
p
ff poco rit. e dim.
gesprochen)
Bett_ler und Krüppel dich ver_ste_cken, und wenn dir dann auch Gott ver
pp
Pos. mf

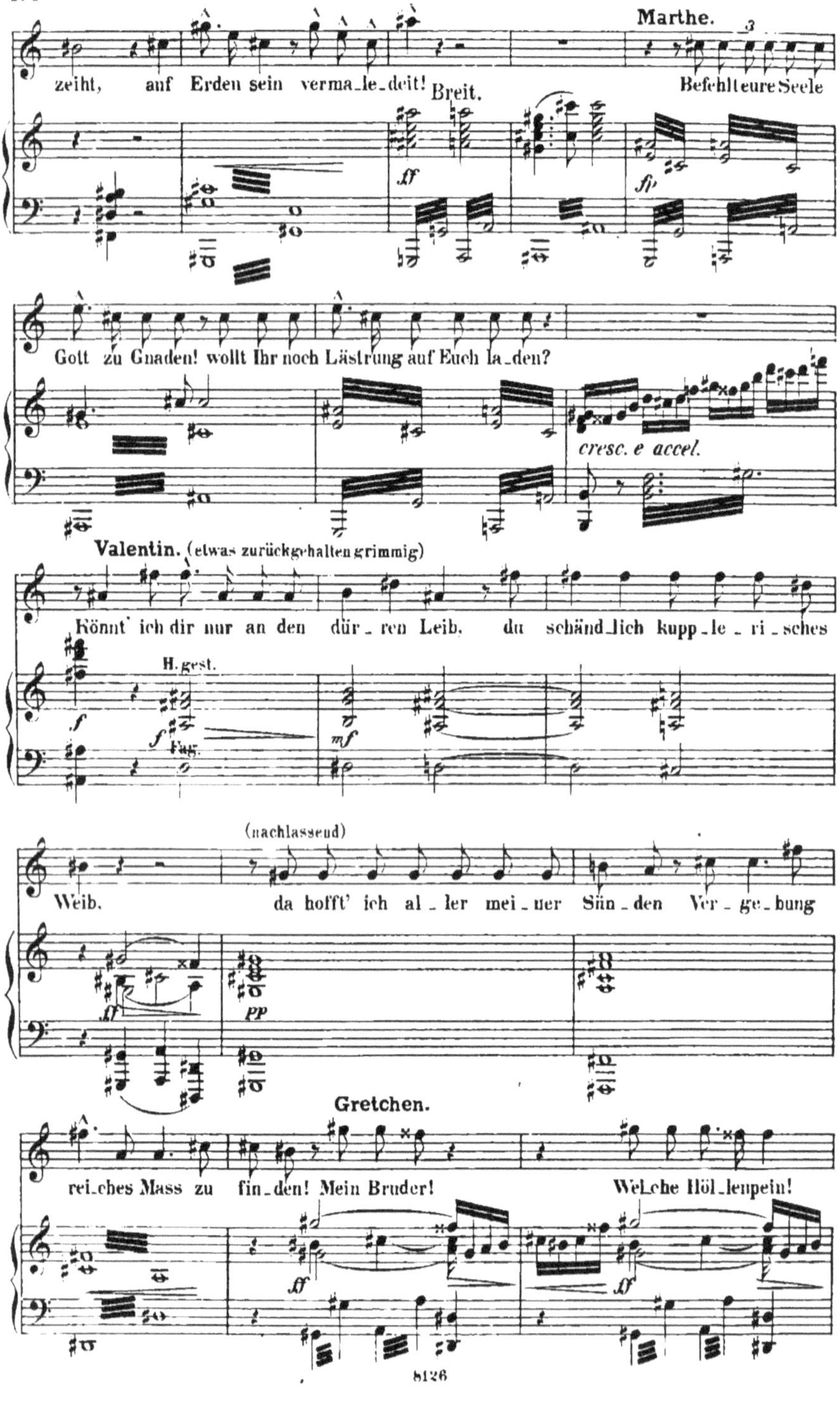

Kerkerscene.

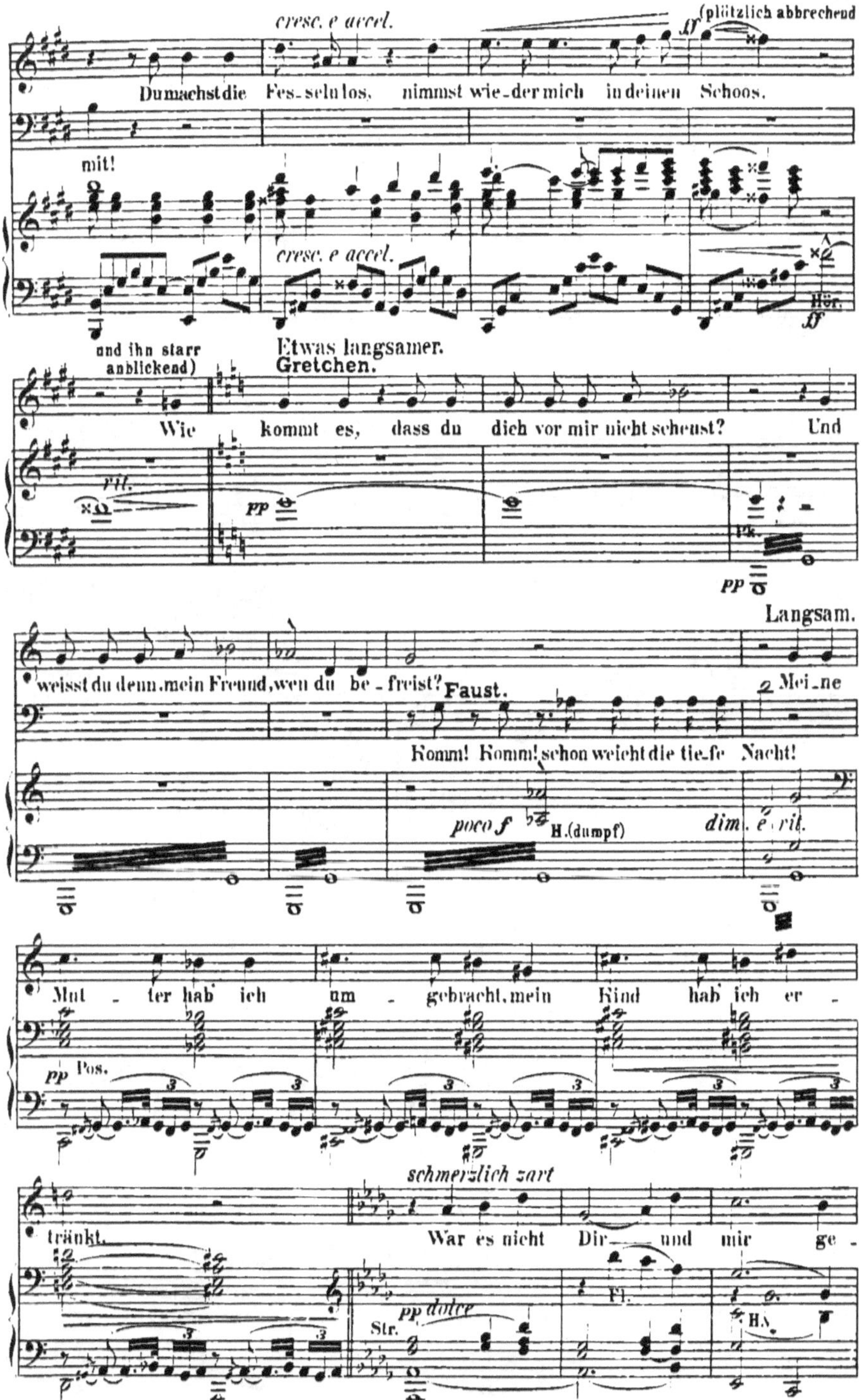
cresc. e accel.
(plötzlich abbrechend
ff
Du machst die Fes_seln los, nimmst wie_der mich in deinen Schoos.
mit!
cresc. e accel.
Hör.
ff
und ihn starr anblickend)
Etwas langsamer.
Gretchen.
Wie kommt es, dass du dich vor mir nicht scheust? Und
rit.
pp
Pk.
pp
Langsam.
weisst du denn, mein Freund, wen du be_freist?
Faust.
Mei_ne
Komm! Komm! schon weicht die tie_fe Nacht!
poco f
H. (dumpf)
dim. e rit.
Mut_ter hab' ich um_gebracht, mein Kind hab' ich er_
pp
Pos.
tränkt.
schmerzlich zart
War es nicht Dir und mir ge_
Fl.
pp dolce
Str.
Hr.

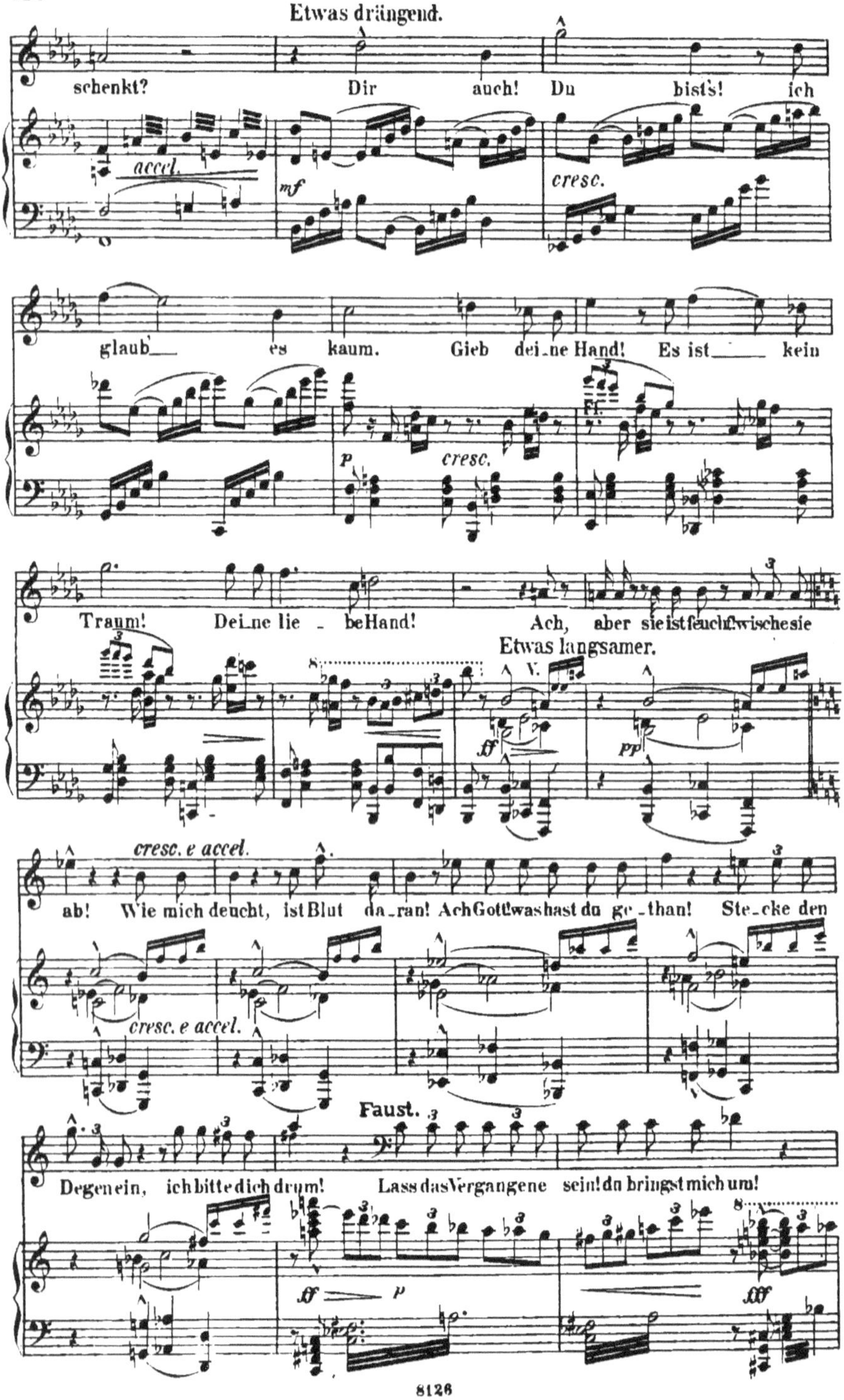
Etwas drängend.
schenkt? Dir auch! Du bist's! ich
accel.
mf
cresc.
glaub' es kaum. Gieb dei_ne Hand! Es ist kein
p
cresc.
Traum! Dei_ne lie_be Hand! Ach, aber sie ist feucht! wische sie
Etwas langsamer.
ff
pp
cresc. e accel.
ab! Wie mich deucht, ist Blut da_ran! Ach Gott! was hast du ge_than! Ste_cke den
cresc. e accel.
Faust.
Degen ein, ich bitte dich drum! Lass das Vergangene sein! du bringst mich um!
ff
p
fff

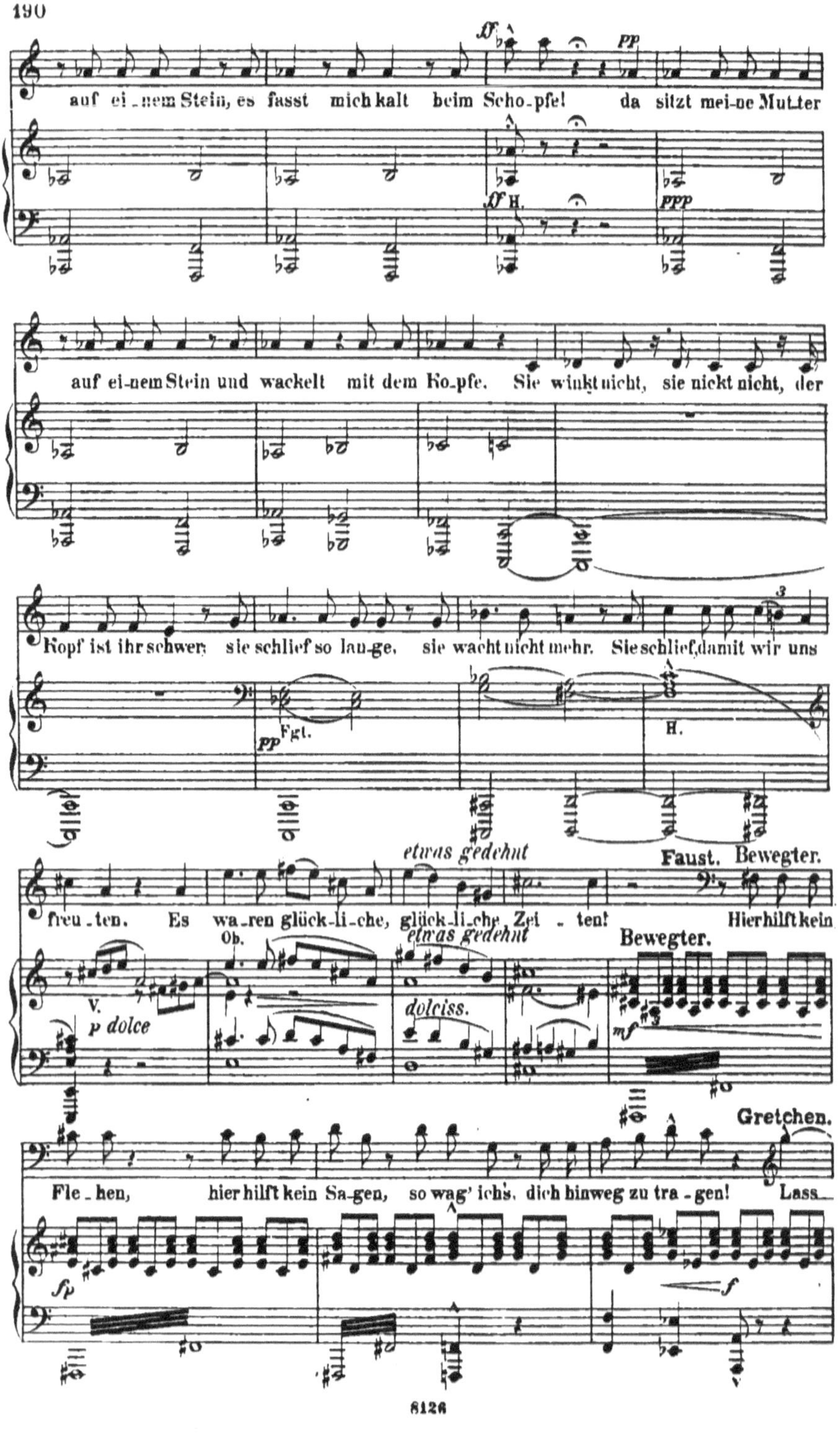
ff
pp
auf ei - nem Stein, es fasst mich kalt beim Scho - pfe! da sitzt mei - ne Mut - ter
ff H.
ppp
auf ei - nem Stein und wackelt mit dem Ko - pfe. Sie winkt nicht, sie nickt nicht, der
Kopf ist ihr schwer; sie schlief so lan - ge, sie wacht nicht mehr. Sie schlief, damit wir uns
pp Fgt.
H.
etwas gedehnt
Faust. Bewegter.
freu - ten. Es wa - ren glück - li - che, glück - li - che Zei - ten! Hier hilft kein
Ob.
etwas gedehnt
Bewegter.
V.
p dolce
dolciss.
mf
Gretchen.
Fle - hen, hier hilft kein Sa - gen, so wag' ich's, dich hinweg zu tra - gen! Lass
fp
f

www.ingramcontent.com/pod-product-compliance
Lightning Source LLC
Chambersburg PA
CBHW020922230426
43666CB00008B/1540